# BEI GRIN MACHT SICH IHR WISSEN BEZAHLT

AF140773

- Wir veröffentlichen Ihre Hausarbeit,
  Bachelor- und Masterarbeit

- Ihr eigenes eBook und Buch -
  weltweit in allen wichtigen Shops

- Verdienen Sie an jedem Verkauf

## Jetzt bei www.GRIN.com hochladen und kostenlos publizieren

**Bibliografische Information der Deutschen Nationalbibliothek:**

Die Deutsche Bibliothek verzeichnet diese Publikation in der Deutschen National-
bibliografie; detaillierte bibliografische Daten sind im Internet über http://dnb.d-
nb.de/ abrufbar.

Dieses Werk sowie alle darin enthaltenen einzelnen Beiträge und Abbildungen
sind urheberrechtlich geschützt. Jede Verwertung, die nicht ausdrücklich vom
Urheberrechtsschutz zugelassen ist, bedarf der vorherigen Zustimmung des Verla-
ges. Das gilt insbesondere für Vervielfältigungen, Bearbeitungen, Übersetzungen,
Mikroverfilmungen, Auswertungen durch Datenbanken und für die Einspeicherung
und Verarbeitung in elektronische Systeme. Alle Rechte, auch die des auszugsweisen
Nachdrucks, der fotomechanischen Wiedergabe (einschließlich Mikrokopie) sowie
der Auswertung durch Datenbanken oder ähnliche Einrichtungen, vorbehalten.

**Impressum:**

Copyright © 2017 GRIN Verlag
Druck und Bindung: Books on Demand GmbH, Norderstedt Germany
ISBN: 9783668809734

Dominik Sax

# Wahrnehmung politischer Ereignisse in Songtexten von Bob Dylan

GRIN Verlag

**GRIN - Your knowledge has value**

Der GRIN Verlag publiziert seit 1998 wissenschaftliche Arbeiten von Studenten, Hochschullehrern und anderen Akademikern als eBook und gedrucktes Buch. Die Verlagswebsite www.grin.com ist die ideale Plattform zur Veröffentlichung von Hausarbeiten, Abschlussarbeiten, wissenschaftlichen Aufsätzen, Dissertationen und Fachbüchern.

**Besuchen Sie uns im Internet:**

http://www.grin.com/

http://www.facebook.com/grincom

http://www.twitter.com/grin_com

Gymnasium Seligenthal Landshut

Qualifikationsstufe 2016/2018

# W-Seminararbeit

aus dem Seminar Deutsch:

Geschichte in Geschichte: Geschehenes durch die literarische Brille und

Erfundenes in historischem Gewand

Thema der Arbeit: Wahrnehmung politischer Ereignisse in Songtexten von

Bob Dylan

Verfasser: Dominik Sax

Abgabe am 07.11.2017

# Inhaltsverzeichnis

# 1 Eingangsfrage bzw. Blick auf aktuelles Interesse für Politik

Politische Ereignisse wurden schon immer von jedweden Künstlern aufgegriffen und in Balladen, Gedichten, Briefen, oder auch in Songtexten wahrgenommen. So veröffentlichte John Lennon im Jahr 1971 das Lied „Imagine" gemeinsam mit dem gleichnamigen Album[1] um den Menschen vor Augen zu führen, dass jede Person gleich behandelt werden sollte und es keine Unterschiede aufgrund von Religion, Hautfarbe oder Sexualität geben sollte. Ebenso veröffentlichte die Sängerin P!NK 2006 ihr Album „I'm Not Dead", auf welchem auch der Titel „Dear Mr. President"[2] zu finden ist und wie schon der Name dieses Songs vermuten lässt, richtet sich dieses Werk der US-amerikanischen Pop-Rock-Sängerin an den damaligen Präsidenten der Vereinigten Staaten von Amerika, George W. Bush[3]. Dass Berühmtheiten ihre Reichweite nutzen, um auf Ereignisse in der Welt aufmerksam zu machen ist gewiss keine Seltenheit und genauso wenig kann man behaupten, nur Künstler im englischsprachigen Raum würden Personen, die große Ämter bekleiden, auf solche Art und Weise kritisieren. Denn erst letztes Jahr, Ende März 2016, gab es einen großen Skandal, als der deutsche Satiriker Jan Böhmermann ein Schmähgedicht über den türkischen Präsidenten Recep Tayyip Erdogan verfasste und im ZDF, im Rahmen seines Satiremagazins „Neo Magazine Royale", vortrug. Überspitzt und satirisch wird in diesem Gedicht weitergegeben, dass Präsident Erdogan feige und faul sei und zu unfairen Mitteln greifen würde[4]. Durch diese Aktion von Jan Böhmermann wurden weltweit immer mehr Menschen auf den türkischen Präsidenten aufmerksam, wodurch Selbiger mit einer riesigen Welle des Unmuts zu kämpfen hatte. Durch solche Momente in der Geschichte fiel mir persönlich auf, wie schnell die Menschen auf ein politisches Problem aufmerksam werden, sobald es ihnen in Form von Musik oder Lyrik vorgetragen wird. Die Zahl derer, die regelmäßig die Nachrichten lesen, sehen oder hören, schrumpft immer weiter[5], während die Klickzahlen bei YouTube[6] und die Neukunden von Musik-Streaming-Diensten, wie Spotify, Apple Music

1 Discogs: John Lennon – Imagine. Fassung: Internet. https://www.discogs.com/master/72898 (Zugriffsdatum: 27.10.2017)
2 Vineyard, Jennifer: Pink pens an open letter to President Bush on new album. 2006. Fassung: Internet. http://www.mtv.com/news/1519661/pink-pens-an-open-letter-to-president-bush-on-new-album/ (Zugriffsdatum: 27.10.2017)
3 ARD. Nachrichten. Fassung: Internet. https://www.tagesschau.de/multimedia/bilder/us-praesidenten100.html (Zugriffsdatum: 27.10.2017)
4 Welt. N24: Böhmermann droht Merkel mit Klage. 2017. Fassung: Internet. http://bit.ly/2j0fszo (Zugriffsdatum: 27.10.2017)
5 Overkott. Jürgen: Immer weniger Menschen schauen TV-Nachrichten. 2012. Fassung: Internet. http://bit.ly/2zuyViy (Zugriffsdatum: 27.10.2017)
6 Smith. Kit: 36 YouTube-Statistiken für 2016. 2016. Fassung: Internet. https://www.brandwatch.com/de/2016/06/36-youtube-statistiken-fuer-2016/ (Zugriffsdatum: 27.10.2017)

oder Amazon Prime Music steigen[7], wodurch klar wird, dass die Verbreitung sämtlicher Geschehnisse auf der Welt auf moderne Art und Weise stattfinden sollte. Dies fiel auch dem deutschen YouTuber Florian Mundt auf, welcher auf seinem YouTube-Kanal „Le-Floid" salopp und locker die aktuellen Themen an seine Zuschauer weitergibt, was sich letztendlich als Erfolgskonzept herausstellen durfte. Zusammengefasst lässt sich also bemerken, dass sich Medien, wie Musik und Lyrik, sehr gut dafür eignen um auf jegliche Dinge, die in Welt und Politik passieren, hinzuweisen. Diese Tatsache hat mich so sehr fasziniert, dass ich beschlossen habe in meiner Seminararbeit über die Wahrnehmung politischer Ereignisse zu schreiben. Da dieses Thema jedoch sehr umfangreich und weitläufig ist, war es nötig, das Themengebiet etwas einzuschränken, weshalb ich zu dem Schluss kam, die Art, wie politische Ereignisse in jeglichen lyrischen Werken verarbeitet werden, anhand der Songtexte von Bob Dylan zu erläutern. Die Wahl des Künstlers, der als Beispiel dienen sollte, fiel deshalb auf jenen, da Bob Dylan einige Lieder geschrieben hat, deren Hintergrund ein Ereignis in der Politik ist und er auch genau für solche Werke im Jahr 2016 den Literaturnobelpreis erhalten hat[8].

Um die Wahrnehmung politischer Ereignisse in Songtexten von Bob Dylan zu analysieren, soll auf den folgenden Seiten zunächst darauf eingegangen werden, wie es zu den Protestsongs von Bob Dylan kam und wie diese Anklang fanden. Darauffolgend wird der Fokus auf die Beeinflussung durch Musik im Alltag gesetzt, wobei in diesem Abschnitt v.a. eine eigens gemachte Umfrage zu Bob Dylan, seinen Liedern und deren politischem Hintergrund ausgewertet und interpretiert wird. Im weiteren Verlauf der Seminararbeit sollen die Hintergrundgeschichten der Protestlieder Bob Dylans offengelegt und seine Werke, sowohl im Hinblick auf die Verarbeitung des politischen Hintergrunds, als auch im Hinblick auf den Songtext, analysiert werden. Zum Schluss sollen alle gesammelten Ergebnisse ausgewertet und ein abschließendes Fazit gezogen werden, bevor ein Rückbezug auf die Eingangsfrage und ein Ausblick auf die Zukunft folgen.

---

7  Heise: Spotify zählt 50 Millionen Abo-Kunden. 2017. Fassung: Internet.
   https://www.heise.de/newsticker/meldung/Spotify-zaehlt-50-Millionen-Abo-Kunden-3643434.html
   (Zugriffsdatum: 27.10.2017)
8  Platthaus, Andreas: Eine schöne Überraschung. Nobelpreis für Bob Dylan. 2016. Fassung: Internet.
   http://www.faz.net/aktuell/feuilleton/buecher/autoren/literaturnobelpreis-2016-fuer-bob-dylan-ist-
   schoene-ueberraschung-14479458.html (Zugriffsdatum: 30.10.2017)

## 2 Bearbeitung der Eingangsfrage und Analyse des Materials

### 2.1 Begründung und Resonanz der politischen Songs von Bob Dylan

Bereits das zweite Album von Bob Dylan, „The Freewheelin' Bob Dylan", welches am 27. Mai 1963 in die Regale aufgenommen wurde und in Zusammenarbeit mit Columbia Records entstand[9], enthielt einige Songs, die Kritik an Politik und Gesellschaft übten. Das dritte Album des Künsters wurde „das >politischste< Album des jungen Dylan"[10] und wurde im Januar 1964 als das erste Album von Bob Dylan veröffentlicht, welches ausschließlich Eigenkompositionen enthielt.

Die Lieder dieses Albums mit dem Namen „The Times They Are A-Changin'" bearbeiten Themen wie Militarismus, Rassenprobleme und soziale Ungerechtigkeit.

Weshalb seine Lieder auf solchen Dingen beruhen wird klar, wenn man sich die Ereignisse und Probleme in den USA ansieht, welche in den 60er Jahren den Alltag des amerikanischen Volks prägten. So wurde die gesamte Weltbevölkerung dieser Zeit im Jahr 1961 Zeuge der größten vom Menschen ausgelösten Explosion, welche durch die „Zar-Bombe", die größte jemals gezündete Wasserstoffbombe, erzeugt wurde und eine Druckwelle auslöste, die knapp zweieinhalb mal die Erde umrundete.[11] Im darauf folgenden Jahr herrschte die Kuba-Krise, bei welcher sich die USA und die Sowjetunion als militärische Weltmächte gegenüberstanden und sich gegeneinander mit immer mehr Waffen nuklearer Art bedrohten, sodass letztendlich nur noch ein Auslösen der Atomraketen nötig gewesen wäre, um die gesamte Bevölkerung unseres Planeten auszulöschen.[12] Diese Szene aus dem Kalten Krieg diente auch für Bob Dylans Song „A Hard Rain's A-Gonna Fall" als Inspiration.[13] 1963 und 1964 waren Jahre, in denen die Bürgerrechtsbewegung in den USA, die sich mittels gewaltlosen Widerstands für die Aufhebung der Rassentrennung einsetzte, viel Aufmerksamkeit genießen durfte.[14]

Bob Dylan fand also allein in den ersten vier Jahren der 1960er genug Stoff um Songs zu schreiben, mit denen sich die amerikanische Bevölkerung identifizieren konnte und

---

9  Allmusic: Bob Dylan. The Freewheelin' Bob Dylan. 2017. Fassung: Internet.
   https://www.allmusic.com/album/the-freewheelin-bob-dylan-mw0000198752 (Zugriffsdatum: 02.11.2017)
10 Zitiert aus: Detering, Heinrich: Bob Dylan Lyrics. Stuttgart 2008 S.129
11 Vgl. Maack, Benjamin: „Zar"-Bombe. Die Alles-weg-Maschine. 2011. Fassung: Internet.
   http://www.spiegel.de/einestages/50-jahre-zar-bombe-die-alles-weg-maschine-a-947372.html (Zugriffsdatum: 02.11.2017)
12 Planet-Wissen: Kalter Krieg. Kuba-Krise. 2016. Fassung: Internet. http://www.planet-wissen.de/geschichte/deutsche_geschichte/kalter_krieg/pwiekubakrise100.html (Zugriffsdatum: 02.11.2017)
13 Vgl. Detering, Heinrich: Bob Dylan Lyrics. Stuttgart 2008 S.129
14 Planet-Wissen: Martin Luther King. 2014. Fassung: Internet. http://www.planet-wissen.de/geschichte/persoenlichkeiten/martin_luther_king/index.html (Zugriffsdatum: 02.11.2017)

bekam dadurch exorbitant viel Aufmerksamkeit und seine Songs gewannen zunehmend an Popularität, was allein schon auffällt, wenn man bedenkt, dass sein erster Titel auf dem Album „The Freewheelin' Bob Dylan", „The Times They Are A-Changin'", für den Pazifismus eine wahre Hymne darstellte.

So wie sich allerdings die Lage in den USA Mitte der 1960er Jahre beruhigte, konzentrierten sich auch Bob Dylans Werke kaum noch auf politische Themen, was erneut aufzeigt, dass sich der Künstler an den aktuellen Themen und Interessen des größten Teils der Bevölkerung orientierte und die Protestlieder genau aus diesem Grund ihren Höhepunkt in den Jahren zwischen 1963 und 1965 verzeichnen können.

## 2.2 Beeinflussung durch die Musik im Alltag

Trotz der recht kurzen Zeitspanne, in der Bob Dylan seine politischen Werke veröffentlichte, konnten jene eine hohe Wirkkraft erzielen und sind die Songs, welche den Menschen bis heute im Kopf geblieben sind. So ist Dylans meistgespielter Song „Blowin' in the Wind", welcher auch sein allererster Song war, der die Politik kritisierte.
Da die Deutschen laut einer Statistik der Arbeitsgemeinschaft Media-Analyse e.V. (agma) ungefähr 181 Stunden täglich Radio hören[15], ist die potenzielle Beeinflussung in relativ hohem Maße möglich. Die Wenigsten allerdings werden sich die Mühe machen und darüber nachdenken, was der Interpret mit seinem Lied ausdrücken wollte. Um nun herauszufinden, wie viele Menschen Bescheid wissen, was sie durch Songs im Radio, also Titel, die nicht zuvor von ihnen selbst ausgesucht worden sind, für Botschaften erhalten, habe ich Bewohner der Stadt Landshut verschiedenen Alters gefragt, ob sie Bob Dylan kennen, welche Lieder sie von ihm kennen, ob ihnen, falls in der vorausgegangenen Frage noch nicht erwähnt, das Lied „Blowin' in the Wind" bekannt ist und ob sie wissen, welchen Hintergrund dieser Song bzw. welche Themen Bob Dylan grundsätzlich in vielen seiner bekannten Songs verarbeitet hat. Es stellte sich im Rahmen jener Umfrage heraus, dass zwar 83% der Befragten Bob Dylan kennen, aber nur 22% in der Lage waren, ein Lied von ihm zu nennen. Nach spezifischem Nachfragen waren sich jedoch 89% der Umfrageteilnehmer dessen bewusst, dass sie Dylans Meisterwerk „Blowin' in the Wind" kennen, sie aber nicht wussten, dass das genannte Lied von Bob Dylan ist.Trotzdem war nur 22% der Befragten die Hintergrundgeschichte des Songs bewusst und 72% der Interviewten wussten grundsätzlich nicht, welche Themen der Künstler in seinen Verkaufsschlagern behandelt.

---

15 Statistica. 2017. Fassung: Internet. http://bit.ly/2iCvBLc (Zugriffsdatum: 26.10.2017)

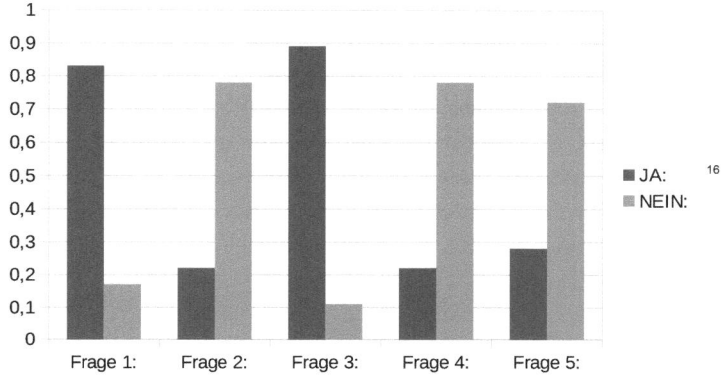

| | JA: | [16] |
| NEIN: | | |

Frage 1:   Frage 2:   Frage 3:   Frage 4:   Frage 5:

Dieses Ergebnis der Umfrage übertrifft sogar die Erwartungen, mit welchen ich an Selbige herangegangen bin. Obwohl uns täglich eine große Menge an versteckten Nachrichten erreicht, besitzen nur die Wenigsten die Fähigkeit, die Nachrichten zu entschlüsseln, oder das Interesse, sich zu informieren. Selbst wenn sich Bob Dylan noch so viel Mühe gegeben hat, prägende Ereignisse in seinen Songtexten zu verewigen und zu kritisieren, so kann er nur einen Bruchteil der Hörer auf die Botschaft der Songs aufmerksam machen. An dieser Stelle könnte man natürlich auch vermuten, dass der Protest, der in „Blowin' in the Wind" enthalten ist, nicht zu verstehen ist, wenn man der englischen Sprache nicht mächtig ist und, dass man, wenn es einen dennoch interessiert was hinter dem Gehörten steckt, nicht allzu einfach an die nötigen Informationen kommt. Um herauszufinden, wie schwierig es ist in Erfahrung zu bringen welches Ereignis als Inspiration für „Blowin' in the Wind" gedient hat, habe ich in die Google-Suche „blowin in the wind bedeutung" eingegeben. Doch bereits das erste von ungefähr 81700 Suchergebnissen, war folgender Fließtext: „Bob Dylan: **Blowin' In The Wind**. Bob Dylans „**Blowin' In The Wind**" ist DER archetypische Protestsong. Zur Friedensbewegung Anfang der 60er passend ist die Thematik: eine Aneinanderreihung von rhetorischen Fragen über die Sinnhaftigkeit, beziehungsweise wohl eher Sinnlosigkeit des Kriegs."[17], welcher in wenigen Zeilen im Prinzip alles zusammenfasst, was man über den Song wissen sollte. Obwohl also versteckte Botschaften en masse an jeden herangetragen werden und die Informationen, um jene zu verstehen so leicht zugänglich sind, ist der Durchschnittsmensch nicht dessen kundig, was er täglich zu hören be-

---

16 Fragen: Siehe Anhang S. 19 (Umfragebogen)

17 Zitiert aus: Scheytt, Jochen: Bob Dylan: Blowin' In The Wind. Eine Betrachtung über die musikalischen Wurzeln und formale Konzeption des wohl berühmtesten Protestsongs der 60er Jahre. 2015. Fassung: Internet: http://www.jochenscheytt.de/popsongs/blowininthewind.html (Zugriffsdatum: 30.10.2017)

kommt. Die einzigen Songs, die mir von denen, die an meiner Umfrage teilnahmen, genannt wurden, abgesehen von „Blowin' in the Wind", waren „The Times They Are A-Changin'", „Like a Rolling Stone" und „Mr Tambourine Man". Die ersten beiden soeben genannten Songs sind ebenso Lieder, die kritisch auf die Politik und die Gesellschaft schauen, was bedeutet, dass die bekanntesten Lieder des geborenen Bob Zimmerman[18] eine Hintergrundgeschichte haben, die nur Wenigen bekannt ist. Um diese These zu bearbeiten, wird im Folgenden aufgezeigt, welche geschichtlichen Ereignisse in Songs von Bob Dylan verewigt wurden, bevor analysiert wird, WIE er jene in denselben Songs verarbeitet.

### 2.3 Hintergrundgedanken der Protestlieder Bob Dylans

Da die Titel „Like A Rolling Stone" und v.a. „The Times They Are A-Changin" einerseits zu den populärsten des Künstlers und andererseits auch zu den Songs, die in der Umfrage genannt wurden, zählen, wird auf den folgenden Seiten besonders stark auf jene Lieder eingegangen.

„The Times They Are A-Changin'" ist der Aufruf von Bob Dylan, daran zu denken, dass sich die Zeiten ändern und man stetig voranschreiten soll. Sarkastisch wird in diesem Werk formuliert, was der Künstler vom Bürgerkrieg hält, indem er ihn als Kampf der Generationen darstellt[19], während „Like a Rolling Stone" von einem verwöhnten Mädchen erzählt, in dessen Augen Obdachlose etwas Verabscheuenswertes waren[20], welches nun aber selber auf der Straße landet und mit diesem Statusverlust und der Verlassenheit[21] alleingelassen wird. Gewiss sind da noch viele weitere Songs des Nobelpreisträgers. So stellt sein Song „Blind Willie McTell" den amerikanischen Bürgerkrieg aus der Sicht eines Afroamerikaners aus den Südstaaten dar[22] und auch in „Mississippi" steht der amerikanische Bürgerkrieg, als „end- und auswegslose[r]"[23] Konflikt im Vordergrund.[24] Es fällt deutlich auf, dass der amerikanische Bürgerkrieg ein Thema ist, das nicht nur die amerikanischen Jugendlichen, sondern auch Bob Dylan sehr beschäftigt hat, was allein schon klar wird, da er jenen Bürgerkrieg auf verschiedenste Arten in seine Werke einbindet. In einem Song wird das Thema „Bürgerkrieg" sarkastisch auf

---

18 Detering, Heinrich: Bob Dylan. Stuttgart 2016 S. 24
19 Vgl. Detering, Heinrich: Bob Dylan Lyrics. Stuttgart 2008 S.129
20 Vgl. Faulstich, Werner: Vom Rock 'n' Roll bis Bob Dylan. Tübinger Vorlesungen zur Rockgeschichte. Teil 1: 1955-1963. Gelsenkirchen 1983 S.182-188
21 Vgl. Detering, Heinrich: Bob Dylan Lyrics. Stuttgart 2008 S.133
22 Vgl. Detering, Heinrich: Bob Dylan Lyrics. Stuttgart 2008 S.141
23 Zitiert aus: Detering Heinrich: Bob Dylan Lyrics. Stuttgart 2008 S.146
24 Vgl. ebd.

die Schippe genommen, während in einem anderen dasselbe Thema sentimental und mitfühlend gegenüber der afroamerikanischen Minderheit nachvollzogen wird. Aus der Tatsache, dass Bob Dylan so viele erfolgreiche Songs geschrieben hat, die aber alle den gleichen Ursprungsgedanken haben, lässt sich bereits schließen, dass der Künstler sehr einfallsreich gewesen sein muss, was die Verarbeitung und Wahrnehmung dieses politischen Ereignisses betrifft, weshalb nun einige Titel analysiert werden.

## 2.4 Analyse der Werke im Hinblick auf die Art und Weise der Verarbeitung und Wahrnehmung des politischen Hintergrunds

Um zu erkennen, wie Bob Dylan politische Ereignisse in seine Werke eingebunden hat, bedarf es manchmal gar nicht allzu großen Aufwandes. Bei „The Times They Are A-Changin'" kommt man beispielsweise schon ein gutes Stück voran, indem man einfach nur den Text vom Englischen ins Deutsche übersetzt. Bereits die ersten zwei Zeilen werden auf diese Weise zu einem Vers, der Einigen bekannt ist. Im Originaltext heißt es hier *Come gather 'round people wherever you roam*[25], was übersetzt soviel heißt wie *Kommt zu mir, wo auch immer ihr herkommt*. Dieser übersetzte Text erinnert an eine Bibelstelle[26] im Neuen Testament – Kapitel 11, Vers 28 aus dem Matthäus-Evangelium – bei der es heißt „Kommt alle zu mir, die ihr euch plagt und schwere Lasten zu tragen habt."[27]. An dieser Stelle wird also einerseits jeder Einzelne von Bob Dylan angesprochen und daran erinnert, dass der Bürgerkrieg ausnahmslos jeden betrifft, andererseits verweist Dylan auf die besagte Bibelstelle, bei welcher es weiter im Text heißt: „Ich werde euch Ruhe verschaffen. Nehmt mein Joch auf euch und lernt von mir; denn ich bin gütig und von Herzen demütig; *so werdet ihr Ruhe finden für eure Seele*. Denn mein Joch drückt nicht und meine Last ist leicht."[28]. Diese Bibelstelle verspricht genau das, was sich die amerikanischen Bürger zu dieser Zeit am meisten gewünscht haben: Erlösung. Auch gibt die Bibelstelle Hinweise, wie man zu dieser Erlösung gelangt, indem sie mit dem Satzabschnitt „[...] lernt von mir" dazu auffordert, Ruhe und Hilfe in Gott zu suchen, was für den Großteil der amerikanischen Bevölkerung nicht abwegig klingen wird, da 76% der Einwohner der USA Christen sind.[29] Innerhalb von zwei Zeilen spricht Bob Dylan also jeden Bürger Amerikas an und unterscheidet bei diesem Appell

25  Detering, Heinrich: Bob Dylan Lyrics. Stuttgart 2008 S.11
26  Detering, Heinrich: Bob Dylan Lyrics. Stuttgart 2008 S.129
27  Zitiert aus: Die Bibel. Einheitsübersetzung. Stuttgart 2011 S.1089 (Verlag Katholisches Bibelwerk GmbH)
28  Zitiert aus: ebd.
29  Krings, D.: Was Amerika glaubt. 2017. Fassung: Internet. http://www.rp-online.de/panorama/ausland/christen-in-den-usa-was-amerika-glaubt-aid-1.2616017 (Zugriffsdatum: 30.10.2017)

nicht aufgrund der Herkunft und verweist gleichzeitig auf eine Bibelstelle, die in diesem Fall dazu dient, klarzustellen, dass jeder die Last des Bürgerkriegs trägt und auch eine verheißungsvolle Nachricht an den Hörer heranträgt.

In den restlichen Zeilen der ersten Strophe singt Bob Dylan davon, dass die Gewässer um die Menschen herum wachsen und, dass man schwimmen muss, wenn man nicht will, dass man bis auf die Knochen durchnässt wird und ertrinkt[30], womit er die Schlaglichter darauf wirft, dass sich die einzelnen Völker immer stärker voneinander abspalten und die Schlucht zwischen den Afroamerikanern und den hellhäutigen Amerikanern immer unüberwindlicher wird. Er fordert mit dem Satz „Then you better start swimmin'"[31] dazu auf, zu lernen die Grenzen zu überwinden und sich zusammenzuschließen, da sonst ganz Amerika zugrunde gehen könnte, wie ein Stein, den man ins Wasser wirft. Mit dem letzten Vers der Strophe betont Dylan, dass sich die Zeiten nun mal ändern und man bereit sein muss, darauf zu reagieren und mit der Zeit mitzugehen. In der dritten Strophe des Songs richtet sich der Künstler an die Senatoren und Kongressabgeordneten und bittet sie, dem Ruf zu folgen. Auf diesen Aufruf folgen die Verse „Don't stand in the doorway / Don't bock up the hall"[32], welche den genannten Politikern vorwerfen, dass sie dem Fortschritt im Weg stehen, denn sie hätten die Möglichkeit zu beschließen, dass alle Amerikaner – egal ob dunkel- oder hellhäutig – die gleichen Rechte bekommen. Stattdessen aber fand die Amerikanische Regierung immer wieder neue Gründe, warum die Schwarzen weniger Rechte haben sollen, als die Weißen, auch, wenn jene Gründe nicht immer ganz schlagkräftig und stichhaltig waren, was Bob Dylan in den nächsten beiden Versen verurteilt. Hier heißt es auf deutsch übersetzt so viel wie „Derjenige, der verletzt wird, wird auch derjenige sein, der sich herausredet"[33]. Im Anschluss daran betont Dylan fast schon belächelnd die brenzlige Situation, in dem er das Offensichtliche ungeschönt nennt: „There's a battle outside / And it is ragin' / It'll soon shake your windows / And rattle your walls"[34] und damit seine Anfangsthese bekräftigt, dass der Bürgerkrieg jeden betrifft und somit auch die, die die obersten Ämter Amerikas bekleiden und dieses Chaos ebenfalls früher oder später an der eigenen Haut zu spüren bekommen werden. Man könnte hier auch hineininterpretieren, dass Bob Dylan versucht zu sagen, dass die Loyalität der amerikanischen Bürger gegenüber dem Land größer sei, als gegenüber denen, die selbiges regieren und sich möglicherweise alle Amerikaner gegen die Regierung auflehnen könnten. Dies alles sei möglich, da sich die Zeiten ändern. Die vierte Strophe gilt denen, die eine entscheiden-

30 Detering, Heinrich: Bob Dylan Lyrics. Stuttgart 2008 S.11
31 Zitiert aus: ebd.
32 Zitiert aus: Detering, Heinrich: Bob Dylan Lyrics. Stuttgart 2008 S.12
33 Vgl. ebd.
34 Zitiert aus: Detering, Heinrich: Bob Dylan Lyrics. Stuttgart 2008 S.12

de Gruppe der Bevölkerung daran hindern, etwas zu ändern und das Richtige zu tun, denn sie ist an die ältere Generation gerichtet, die auf ihre alteingesessene Meinung besteht und nicht auf die junge Generation hört. Bob Dylan bevorzugt aber auch hier keine der Hautfarben oder Herkunftsorte und singt „Come mothers and fathers / Throughout the land"[35] und kritisiert allgemein, dass die ältere Generation gegen die Jugend redet, obwohl sie nicht versteht, was die Jugendlichen meinen. Der Literaturnobelpreisträger konfrontiert die angesprochenen Mütter und Väter genau damit, wovor Jene Angst haben, dadurch, dass er behauptet, dass die Eltern keine Macht mehr über ihre Kinder haben und ihre Art, das Leben zu meistern veraltet ist und sie den Fortschritt verhindern, indem sie den Weg der neuen Generation versperren. Und auch am Ende dieser Strophe vermittelt Bob Zimmerman einen Hoffnungsfunken, wenn er Mütter und Väter dazu anspornt, es der Jugend gleich zu tun und einander die Hand zu reichen, da sich Zeiten nun mal ändern. Die letzte Strophe kann als Drohung gesehen werden, dass, sofern man nichts ändert, sich irgendwann der Spieß umdrehen wird und es einen Bürgerkrieg mit vertauschten Rollen geben wird[36], weshalb hier die letzte Zeile „For the times they are a-changin'"[37] nicht wie ein Hoffnungsträger, sondern eher wie eine Warnung wirkt.

Summa summarum lässt sich somit feststellen, dass Bob Dylan mit „The Times They Are A-Changin'" erstens ein Appell an jeden Bürger richtet, seinen Teil zu einer besseren Welt beizutragen, zweitens den Politikern sarkastisch vorführt, auf welche sinnlose Art und Weise sie agieren, drittens die ältere Generation auffordert auf die Jüngeren zu schauen und an der Zukunft der Jugend und nicht ihrer eigenen, kürzeren Zukunft zu bauen und viertens Amerika mahnt, endlich wieder Frieden herzustellen, da die Folgen sonst weitere kriegerische Konflikte sein könnten.

Ebenso lässt sich auch einiges aus Bob Dylans Werk „Like a Rolling Stone" herauslesen. Dieser Song wird wörtlich gesehen an ein wohl gekleidetes Mädchen gerichtet, jedoch lässt vermuten, dass damit eine Prinzessin gemeint ist, da das Lied mit der berühmten Märchenformel „Once upon a time"[38] beginnt. Dieser Anfang dient unter anderem als Indiz dafür, dass die Handlung des Songs nicht geschehen ist, schließt aber nicht aus, dass diese geschehen kann. In den ersten beiden Zeilen heißt es übersetzt „Du hast in deiner Blütezeit den Pennern eine Zehncentmünze zugeworfen, nicht wahr? Die Menschen haben gesagt 'Sei vorsichtig, Puppe, du wirst bestimmt auch fallen'"[39]. Wenn man sich nun bereits der Hintergrundgeschichte von „The Times They Are

35 Zitiert aus: Detering, Heinrich: Bob Dylan Lyrics. Stuttgart 2008 S.12
36 Detering, Heinrich: Bob Dylan Lyrics. Stuttgart 2008 S.12 f
37 Zitiert aus: Detering, Heinrich: Bob Dylan Lyrics. Stuttgart 2008 S.13
38 Zitiert aus: Detering, Heinrich: Bob Dylan Lyrics. Stuttgart 2008 S.32
39 Vgl. Detering, Heinrich: Bob Dylan Lyrics. Stuttgart 2008 S.32

A-Changin'" bewusst ist, so lässt sich leicht herausfinden, auf was der Text von „Like a Rolling Stone" anspielt. So dient die Prinzessin als Symbol für die Oberschicht, die, wenn es ihr noch gut geht, den Obdachlosen verhöhnend Zehncentmünzen zuwirft, obwohl es den Bürgern, die zur Oberschicht zählen, bewusst sein sollte, dass sie jederzeit auch Pech haben und alles verlieren können, sodass sie dann auch zu den Menschen zählen, die von anderen niedergemacht werden. Jeder hält dies für so unwahrscheinlich, dass man sich darüber gar keine Gedanken macht, was auch in Vers fünf und sechs dargestellt wird, wenn es übersetzt heißt „Du dachtest, sie würden dich nur ärgern und hast darüber gelacht"[40]. In den weiteren Versen der ersten Strophe erfährt man, dass die Warnungen der Obdachlosen Wahrheit geworden sind, was bedeutet, dass die Prinzessin nun auf der Straße leben muss und sich Gedanken machen darf, wie sie zu ihrem Essen kommt[41]. Die Prinzessin ist demnach innerhalb kürzester Zeit von einem Extrem ins andere gerutscht, so wie auch jeder Bürger aus der Oberschicht jederzeit durch ungünstige Zufälle von einem Tag auf den anderen sein gesamtes Hab und Gut verlieren kann. Diese erste Strophe lässt sich allerdings noch auf eine andere Art und Weise interpretieren, indem man annimmt, dass „Like a Rolling Stone" als Fortsetzung von „The Times They Are A-Changin'" dient und das darstellt, was passiert, wenn die Bürger die besagte Mahnung in der letzten Strophe von „The Times They Are A-Changin'" missachten. So verkörpert die Prinzessin in dieser Interpretation die weißen Amerikaner, die sich zuvor noch gegen die Afroamerikaner aufgelehnt hatten, welche wiederum die Obdachlosen – also die Randgruppe – darstellen, was auch eine mögliche Erklärung dazu bietet, weshalb die Prinzessin in Vers drei als „Puppe" bezeichnet wird. Denn die Regierung ist diejenige, die am längeren Hebel sitzt und trotzdem nicht die nötigen Schritte eingeleitet hat, um für Gerechtigkeit zu sorgen. Die hellhäutigen Amerikaner haben sich auf die Seite ihrer Regierung gestellt, weil es das Beste für sie selbst bedeutet hat, wodurch sie gleichzeitig zu einer Marionette der Regierung geworden sind. Nun hat sich eben der Spieß umgedreht und der weiße Amerikaner erfährt, was zuvor der Afroamerikaner erfuhr: Wie es ist, wenn man nirgends willkommen oder bekannt ist und es keinen Ort gibt, an dem man sich wirklich zuhause fühlen kann. In der zweiten Strophe heißt es, dass die Prinzessin zwar auf die beste Schule ging, dort aber nicht gelernt hat, wie man auf der Straße überlebt, was ihr nun zum Verhängnis wird. Und weiter im Text heißt es sinngemäß, dass sie sich nun sogar mit dem mysteriösen Streuner abgeben muss, mit dem sie zuvor nichts zu tun hatte[42]. Somit stellt auch diese Strophe etwas dar, was sich sowohl auf die Oberschicht, als

40 Vgl. ebd.
41 Vgl. ebd.
42 Vgl. Detering, Heinrich: Bob Dylan Lyrics. Stuttgart 2008 S.32 f

auch auf den Bürgerkrieg übertragen lässt. Im Prinzip ist die Botschaft hinter der zweiten Strophe, dass die beste Schule das wahre Leben ohne Luxus ist, da man auf der Straße lernt, was man tun muss, um nicht zu verhungern und, dass man sich auch mit denen zusammenschließen muss, die einem zuvor suspekt erschienen, um eine Überlebenschance zu haben. Übertragen auf die Oberschicht kann man einfach die starke Betonung, dass die Oberschicht nicht weiß, was richtige Probleme sind, als Bedeutung sehen und, dass die Bürger dieser Schicht quasi keine Ahnung vom Leben haben. Die zweite Strophe bedeutet auf den Bürgerkrieg bezogen, dass man die Probleme, die den Bürgerkrieg ausgelöst haben und ein Ende desselben verhindern, nur dann lösen kann, indem man sich zusammenschließt und gemeinsam mit denen, die einem erst Unbehagen bereiteten, da man sich nie wirklich mit ihnen auseinandergesetzt hat, gegen die Regierung arbeitet, welche stetig verhindert, dass Afroamerikaner und hellhäutige Amerikaner gleichgestellt werden. In der vierten Strophe heißt es übersetzt „Prinzessin auf der Erbse und all die schönen Leute, die trinken und denken, sie hätten es geschafft, die die verschiedensten Geschenke und Dinge untereinander tauschen, doch du solltest besser deinen Diamantring ablegen und einlösen, Babe"[43], was allein schon durch das liebevolle Schlusswort „Babe" wie ein gut gemeinter Rat wirkt, welcher an die Oberschicht gerichtet sein könnte, dass sie sich nicht ausruhen sollte, da ein Absturz jederzeit eintreten könnte, sondern es klüger wäre, sich stattdessen etwas auf die Seite zu legen, auf das sie in schlechten Zeiten zurückgreifen könnte. Die Strophe ist also in dieser Interpretation aus der Sicht eines Obdachlosen geschrieben, der niemandem wünschen würde, so wenig zu haben, wie es bei ihm der Fall ist. In der Bürgerkrieg-Interpretation ist sie hingegen aus Sicht einer beliebigen Person geschrieben, die jeden Bürger mahnt, nicht zu denken, der Frieden würde langsam wieder kommen, weil die verwöhnte Person noch einen Hauch Frieden spürt, wie die „Prinzessin auf der Erbse"[44], welche die Erbse durch die vielen Matratzen spürt, sondern stattdessen seinen Beitrag dazu zu leisten, sodass wieder Frieden hergestellt und gewährt werden kann.

## 2.5 Auswertung der Ergebnisse

Es stellt sich also heraus, dass in den Songtexten von Bob Dylan weit mehr steckt, als es auf den ersten Blick erscheint und, dass man die meisten Botschaften, die im Text enthalten sind, nicht durchs Zuhören, sondern ausschließlich durch eine Analyse findet.

---

43 Vgl. Detering, Heinrich: Bob Dylan Lyrics. Stuttgart 2008 S.34
44 Vgl. ebd.

Nicht nur muss man versuchen, den wörtlichen Text aus verschiedenen Perspektiven zu sehen, sondern man muss auch in anderen Werken, wie beispielsweise der Bibel nachschlagen, um herauszufinden, dass sich in zwei kurzen Versen eine ziemlich große Nachricht verbergen kann. Deutlich wird durch Analyse auch, dass die politischen Themen mit vielen anderen Themen teilweise in einem Vers versteckt sind und sich ein Vers manchmal komplett auf mehrere Themen beziehen lässt, was es noch viel schwieriger macht, herauszufinden, was ein Künstler mit seinem Song sagen wollte und damit auch erklärt, warum die wenigsten Umfrageteilnehmer Bescheid wussten, welche politischen Themen in Bob Dylans Songs wahrgenommen werden. Bob Dylan war bewusst, er würde mit seiner Protesthaltung gut bei der Jugend Anklang finden und hat vermutlich die Kritik an der Politik so gut in den Songs versteckt, dass die Jugendlichen keine andere Wahl hatten, als zu analysieren und sich mit den Themen auseinanderzusetzen, wodurch Bob Dylan der jungen Generation gab, was sie wollte und sie gleichzeitig dazu aufgerufen hat, sich vernünftig mit den verarbeiteten Themen auseinanderzusetzen, um so auch mit der älteren Generation mit stichhaltigen und schlagkräftigen Argumenten zu debattieren und zu überzeugen. Er hat die Jugend und mit ihr jeden weiteren Hörer darauf aufmerksam gemacht, dass jeder seinen Beitrag in der Gesellschaft leisten muss und jeder Einzelne viel auf der Welt ändern kann, so wie er selbst es mit seinen Songs getan hat.

## 3   Rückbezug auf die Eingangsfrage und Ausblick auf die Zukunft

Wie bereits am Anfang dieser Arbeit erwähnt, wurden politische Themen schon immer in sämtliche lyrische Werke eingebettet und verarbeitet und dieses Kuriosum wird sich vermutlich nicht so schnell ändern, da sich in lyrischen Werken mit ein wenig Hirnschmalz viele Botschaften verstecken lassen und diese Botschaften, vor allem, wenn Musik als lyrisches Mittel genutzt wird, auf simplem Weg extrem viele Menschen erreichen können. Jeder Song, den man hört, hat irgendwelche Hintergedanken und damit wird klar, dass das Problem nicht ist, dass es zu wenig Künstler gibt, die politische Themen in ihre Werke einbauen, oder zu wenig Möglichkeiten, dass diese Werke den Durchschnittsbürger erreichen, sondern das Problem liegt darin, dass sich die wenigsten über die Songs, die sie hören informieren. Wenn man sich zumindest immer vornähme, sich über die aktuellen „Top Ten" in den Charts zu belesen, so würde man mit verhältnismäßig geringem Aufwand zu einer Person werden, die mehr Bescheid weiß, über das, was in der Welt passiert, als die breite Masse.

Würden sich die Menschen also in Zukunft zumindest ein wenig Gedanken über aktuell umlaufende lyrische Werke machen, so wüsste die ältere Generation, was sie machen muss, um das Beste für die junge Generation zu bewirken und die Jugend könnte mitreden und hätte die nötige Allgemeinbildung, die sich die ältere Generation noch durch tägliches Zeitunglesen aneignen musste, wodurch fortwährend die richtigen Entscheidungen in der Politik getroffen werden und der Frieden auf der Welt gewährt werden könnte.

# 4 Literaturverzeichnis

## 4.1 Primärliteratur

Songtexte:
1.     Detering, Heinrich: Bob Dylan Lyrics. Stuttgart 2008

## 4.2 Sekundärliteratur

1.     Detering, Heinrich: Bob Dylan Lyrics. Stuttgart 2008
2.     Detering, Heinrich: Bob Dylan. Stuttgart 2016
3.     Die Bibel. Einheitsübersetzung. Stuttgart 2011 S.1089 (Verlag Katholisches Bibelwerk GmbH)
4.     Faulstich, Werner: Vom Rock 'n' Roll bis Bob Dylan. Tübinger Vorlesungen zur Rockgeschichte. Teil 1: 1955-1963. Gelsenkirchen 1983

## 4.3 Internetquellen

1.     Allmusic: Bob Dylan. The Freewheelin' Bob Dylan. 2017. Fassung: Internet. https://www.allmusic.com/album/the-freewheelin-bob-dylan-mw0000198752 (Zugriffsdatum: 02.11.2017)
2.     ARD. Nachrichten. Fassung: Internet. https://www.tagesschau.de/multimedia/bilder/us-praesidenten100.html (Zugriffsdatum: 27.10.2017)
3.     Heise: Spotify zählt 50 Millionen Abo-Kunden. 2017. Fassung: Internet. Htt ps://www.heise.de/newsticker/meldung/Spotify-zaehlt-50-Millionen-Abo- Kun den-3643434.html (Zugriffsdatum: 27.10.2017)
4.     Krings, D.: Was Amerika glaubt. 2017. Fassung: Internet. http://www.rp-onli ne.de/panorama/ausland/christen-in-den-usa-was-amerika-glaubt-ai d-1.2616017 (Zugriffsdatum: 30.10.2017)
5.     Maack, Benjamin: „Zar"-Bombe. Die Alles-weg-Maschine. 2011. Fassung: Internet. http://www.spiegel.de/einestages/50-jahre-zar-bombe-die-alles-weg-maschi ne-a-947372.html (Zugriffsdatum: 02.11.2017)

6.       Overkott. Jürgen: Immer weniger Menschen schauen TV-Nachrichten. 2012.
         Fassung: Internet. http://bit.ly/2zuyViy (Zugriffsdatum: 27.10.2017)

8.       Planet-Wissen: Kalter Krieg. Kuba-Krise. 2016. Fassung: Internet. http://ww
         w.planet-wissen.de/geschichte/deutsche_geschichte/kalter_krieg/pwiekuba
         krise100.html (Zugriffsdatum: 02.11.2017)

9.       Planet-Wissen: Martin Luther King. 2014. Fassung: Internet. http://www.pla
         net-wissen.de/geschichte/persoenlichkeiten/martin_luther_king/index.html
         (Zugriffsdatum: 02.11.2017)

10.      Platthaus, Andreas: Eine schöne Überraschung. Nobelpreis für Bob Dylan.
         2016. Fassung: Internet. http://www.faz.net/aktuell/feuilleton/buecher/auto
         ren/literaturnobelpreis-2016-fuer-bob-dylan-ist-schoene-ueberra   schung-
         14479458.html (Zugriffsdatum: 30.10.2017)

11.      Smith. Kit: 36 YouTube-Statistiken für 2016. 2016. Fassung: Internet.
         https://www.brandwatch.com/de/2016/06/36-youtube-statistiken-fuer-2016/
         (Zugriffsdatum: 27.10.2017)

12.      Scheytt, Jochen: Bob Dylan: Blowin' In The Wind. Eine Betrachtung über die
         musikalischen Wurzeln und formale Konzeption des wohl berühmtesten Pro
         testsongs der 60er Jahre. 2015. Fassung: Internet: http://www.jochenscheyt
         t.de/popsongs/blowininthewind.html (Zugriffsdatum: 30.10.2017)

13.      Statistica. 2017. Fassung: Internet. http://bit.ly/2iCvBLc (Zugriffsdatum:
         26.10.2017)

14.      Smith. Kit: 36 YouTube-Statistiken für 2016. 2016. Fassung: Internet.
         https://www.brandwatch.com/de/2016/06/36-youtube-statistiken-fuer-2016/
         (Zugriffsdatum: 27.10.2017)

15.      Vineyard, Jennifer: Pink pens an open letter to President Bush on new al
         bum. 2006. Fassung: Internet. http://www.mtv.com/news/1519661/pink-pens-
         an-open-letter-to-president-bush-on-new-album/ (Zugriffsdatum: 27.10.2017)

16.      Welt. N24: Böhmermann droht Merkel mit Klage. 2017. Fassung: Internet.
         http://bit.ly/2j0fszo (Zugriffsdatum: 27.10.2017)

## Umfrage für die Seminararbeit
## „Wahrnehmung politischer Ereignisse in Songtexten von
## Bob Dylan"
## von Dominik Sax

Kennen Sie Bob Dylan?

        O JA       O NEIN

Welche Lieder von Bob Dylan kennen Sie?

_____

_____

(Falls Titel nicht genannt): Sagt Ihnen der Song „Blowin' in the Wind" etwas?

        O JA       O NEIN

(Falls „Ja" bei vorausgegangener Frage): Wissen Sie, welchen Hintergrund der Song hat?

        O JA       O NEIN

(Falls „Nein" bei vorausgegangener Frage): Wissen Sie, welche Themen Bob Dylan in seinen Songs bearbeitet hat?

        O JA       O NEIN